AF242267

DISCOURS

PRONONCÉ

PAR M^E ROUSSE

BATONNIER DE L'ORDRE DES AVOCATS

A L'OUVERTURE DE LA CONFÉRENCE

LE 2 DÉCEMBRE 1871

PARIS

IMPRIMERIE RENOU ET MAULDE

RUE DE RIVOLI, 144

1871

DISCOURS

PRONONCÉ

PAR M^E ROUSSE

BATONNIER DE L'ORDRE DES AVOCATS

PARIS. — TYPOGRAPHIE RENOU ET MAULDE, RUE DE RIVOLI, 144.

DISCOURS

PRONONCÉ

PAR Me ROUSSE

BATONNIER DE L'ORDRE DES AVOCATS

A L'OUVERTURE DE LA CONFÉRENCE

LE 2 DÉCEMBRE 1871

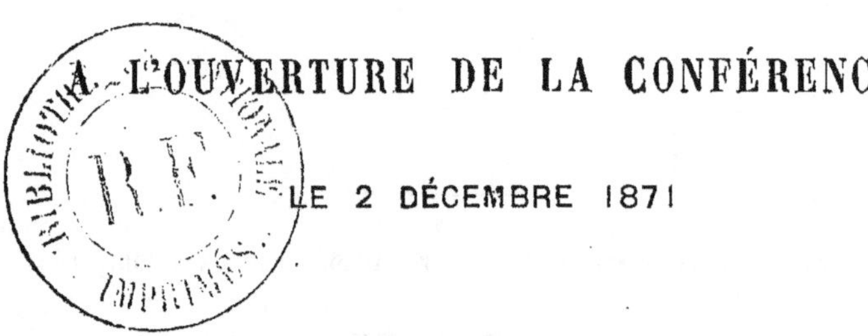

PARIS

IMPRIMERIE RENOU ET MAULDE

RUE DE RIVOLI, 144

—

1871

DISCOURS

PRONONCÉ

PAR Mᴱ ROUSSE

Bâtonnier de l'Ordre des Avocats

A L'OUVERTURE DE LA CONFÉRENCE

LE 2 DÉCEMBRE 1871

MES CHERS CONFRÈRES,

Lorsque vous m'avez élu bâtonnier pour la seconde fois, j'ai pris devant vous un engagement que je viens remplir aujourd'hui. J'ai dit que je ferais l'histoire du Barreau de Paris pendant la guerre, et sous le règne de la Commune. Ce sont de tristes souvenirs; mais nous y trouverons des enseignements qu'il faut entendre, et des leçons dont il faut savoir profiter.

Quand on est frappé comme nous le sommes, il est puéril de s'en prendre à la fortune, ou d'accuser un seul homme de tant de maux. Il n'y a que les peuples asservis sans retour qui aient le droit de tout rejeter sur un maître; et une nation qui tomberait par la faute d'un seul homme mériterait de ne se relever jamais.

Nos fautes sont à nous; ayons l'orgueil de les reconnaître. Tous, d'une commune ardeur, nous avons mis la main à notre ruine, et la déraison de presque tous a rendu possible ce que la folie d'un homme avait préparé.

Parmi tant de coupables, il faut que le Barreau prenne sa place, et que, donnant un exemple nécessaire, il ne laisse à personne le droit de lui signaler ses erreurs.

En parcourant la légende de cette année funeste, j'ai trouvé parmi vous des dévouements glorieux, de généreux sacrifices, d'héroïques vertus, et des souvenirs dont vous avez le droit d'être fiers. Mais des murs de ce palais, de ces ruines qui nous environnent et que n'a point faites le temps, j'ai entendu s'élever contre vous des voix accusatrices, des reproches amers qui s'adressaient à vous comme au pays tout entier. Si je ne les rappelais ici, le récit que je veux faire ne serait ni sincère, ni utile; et ce n'est pas le temps des vains discours. Nous nous sommes assez loués nous-mêmes. Il faut, aujourd'hui, nous connaître et nous juger. Il faut montrer à cette jeunesse qui nous entoure les écueils de la route où elle veut marcher; il faut aussi que, se considérant à son tour, elle songe moins aux éloges qui lui sont dus qu'aux devoirs qu'elle a parfois oubliés.

Pourquoi ne pas le dire? On parle mal des avocats, aujourd'hui. Après les avoir flattés sans mesure, on les accuse sans justice. On les chargerait volontiers de toutes les fautes de ce pays, et après les avoir conviés à la politique avec un aveugle engouement, bien des gens demandent maintenant ce qu'ils y sont venus faire, et ce qu'on attend pour les en bannir à jamais. Ce sont là des caprices dont les démocraties sont coutumières; des traits de dépit puéril par lesquels, dans leurs mauvais jours, elles aiment à se distraire des coups de la fortune. Mais, quoi qu'on en puisse penser, chez les peuples libres ou qui le veulent devenir, c'est-à-dire partout où les procès des citoyens et les affaires de l'Etat se discutent publiquement, les avocats ont, dans les conseils de la nation, une place aussi légitime qu'inévitable. S'ils se refusaient à la politique, il faudrait faire violence à leur modestie pour les y contraindre. Il ne paraît pas qu'en France, depuis soixante ans, on ait dû en venir à cette extrémité.

Sous le gouvernement des Bourbons, les institutions et les mœurs offraient au Barreau bien des tentations à la fois; mais les avocats ne s'y laissèrent aller qu'avec prudence, et avec une timidité dont il est permis de s'étonner aujourd'hui. C'était au Palais plus qu'à la tribune qu'ils cherchaient alors la considération et la renommée.

Les conspirations militaires des premières années, les procès de presse qui vinrent ensuite, leur donnèrent des clients illustres et des occasions faciles de popularité. Mais là encore, le Barreau fit preuve d'une discrétion méritoire. C'étaient les plus habiles et les plus renommés qui le représentaient dans ces luttes brillantes. Si quelques jeunes gens y ont trouvé d'heureux débuts, leur talent justifiait assez leur audace, et sous leurs ardeurs juvéniles, dans les emportements de leur naïve éloquence, on sentait assez les qualités qui devaient donner bientôt à leur nom une célébrité légitime.

La Révolution de 1830 mit l'ambition du Barreau à une épreuve redoutable. Sous un gouvernement libéral, qui faisait à la parole une si large place, les avocats ne manquèrent pas à la politique, et je n'ai pas à faire ici leur histoire. Tous n'y réussirent pas également ; mais presque tous y furent à leur place ; et l'un d'eux, au milieu des luttes les plus ardentes, en face des adversaires les plus illustres, est resté, de l'aveu de tous, le plus grand orateur de notre temps.

Mais bientôt, aux bruits de la tribune, au mouvement de cette société tourmentée, l'esprit et la discipline du Barreau commencèrent à se corrompre. Au palais, la politique, peu à peu, prenait le pas sur les affaires. Elle était partout ; elle envahissait les couloirs et les audiences ; et rarement elle laissait la parole aux plus expérimentés et aux plus sages.

On vit alors s'élever des derniers rangs, parmi les plus inconnus et les plus jeunes, une agitation présomptueuse, une cohue d'ambitions impatientes qui ne cherchaient dans notre état que le moyen et l'occasion de parvenir. On vit pénétrer ici, au sein de notre jeunesse, les plus mauvaises pratiques des gouvernements populaires : la recherche des honneurs et des emplois, les sollicitations et les brigues. Les dignités du stage furent assiégées par des adolescents hardis et par des politiques du premier âge qui voyaient là le commencement de leur fortune ; et bientôt, le mal empirant, avant de confier aux anciens le gouvernement de notre petite République, on leur demanda compte de leurs opinions et de leurs croyances. On voulut savoir ce qu'ils pensaient des affaires de l'Europe, au lieu d'écouter comment, à

l'audience, ils plaidaient les procès de leurs clients. Ce fut
là pour nous un grand mal, et le principe de beaucoup
d'autres. Il ne fit qu'augmenter sans cesse, et, vers les
derniers temps du règne, il était devenu intolérable.

Il y a de cela plus de vingt ans; et, comme il arrive quand
on vieillit, il me semble que c'était hier. C'était là-bas, dans
cette salle étroite et sombre, que tout le jour, se menaient à
grand bruit les affaires de la France et du monde. Rien
n'était curieux comme cet essaim de robes noires se pressant
autour des orateurs pour se donner, à distance, le spectacle
et les émotions de la Tribune. On débattait, à vide, des plans
de campagne et des projets de constitution. On agitait les
nouvelles de la journée et les événements de la saison.
C'était, là comme ailleurs, ce mélange prodigieux de déraison et de bon sens qui sera l'éternel désespoir et la ressource éternelle de ce pays. Je ne crois pas que nulle part, en
France, il se soit dit sérieusement plus de folies. Mais nulle
part, à coup sûr, il ne s'est dépensé plus d'esprit inutile.

Parfois, dans ce coin jaseur, on voyait se révéler des
vocations imprévues; des avocats ignorés y obtenaient des
succès éclatants. Ils avaient, dans ce demi-jour, de la verve,
des traits justes, du talent, et quelquefois de l'éloquence.
Ils prodiguaient dans leurs causeries toutes les épargnes de
leurs discours. C'était la décadence et comme l'ombre alour-
die d'un art charmant et tout français, — la conversation
tombée en roture. — Il n'est pas jusqu'au nom familier
de ce petit cénacle qui ne semblât une raillerie de la parole contre elle-même. Il a survécu à tous nos désastres,
et, par une dernière ironie, les flammes qui n'ont pas respecté la salle du Conseil ont laissé debout la salle de la
parlotte.

Quant à nos anciens et à nos maîtres, lorsqu'en quittant le palais après une journée de labeurs, ils s'attardaient de ce côté, les uns levaient les bras au ciel, comme le bon Desboudets ; d'autres écoutaient un instant sans rien dire : — Dupin avec sa moue moqueuse et puissante ; Paillet avec son air de bonhomie trompeuse ; Marie avec le sourire soucieux d'un républicain inquiet de la République. — Puis ils sortaient en secouant la tête, et en échangeant entre eux, d'un air de compassion paternelle, des paroles que je n'ai jamais pu bien entendre.

En 1848, le Barreau se trouva mêlé plus activement à la politique ; et l'on vit paraître, à un degré inconnu jusque-là, mais qui devait être plus tard dépassé, l'un des abus les plus fâcheux qui nous puissent compromettre aux yeux du public : j'entends l'irruption des avocats dans les honneurs et dans les emplois.

La France, depuis soixante ans, a vu naître et mourir trop de gouvernements pour que les révolutions n'aient pas chez nous leur jurisprudence. Lorsque arrive un pouvoir nouveau, il est juste qu'il appelle autour de lui ses amis, et que les adversaires qu'il a vaincus ne s'attardent pas trop à le servir. En 1848, comme toujours, il s'est rencontré des hommes qui, faisant à leur cause le sacrifice de leurs intérêts, ont renoncé, pour la servir, aux bénéfices légitimes de leur état ; rien n'est plus digne de respect, et le Barreau a donné, de ce côté, de beaux exemples.

Mais la conscience publique se défie de ces dévouements soudains, et elle ne veut pas en être la dupe. Elle ne veut pas que, le soir d'une révolution, la politique devienne tout à coup la ressource de ceux qui n'en ont point d'autre qu'on la prenne comme le pis aller d'une jeunesse impuissante ou comme l'expédient désespéré de quelque crise pécuniaire, et qu'on s'essaie à gouverner son pays quand on ne peut plus gouverner sa vie. C'est là, cependant, ce qui s'est rencontré au Palais plus qu'il ne l'aurait fallu; et l'on a pu croire quelquefois que, là comme ailleurs, les patriotes de la veille n'étaient que les fonctionnaires du lendemain.

La malignité publique s'amuse de ces travestissements rapides; les honnêtes gens s'en affligent. Ils s'étonnent que, fût-on avocat, on puisse savoir si à propos tant de choses; qu'on soit prêt, en si peu de temps, pour des fortunes si diverses, et que l'étude seule du droit enseigne tant de moyens différents de parvenir.

A l'époque dont je parle, les emplois publics n'étaient pas le seul attrait contre lequel le Barreau eût à se défendre. Il y avait alors, il y a encore pour les avocats une visée plus haute et une tentation plus dangereuse; c'est de figurer parmi les représentants du pays, de siéger dans les assemblées et de parler à la tribune. Pour plusieurs c'est une ambition légitime. Pour beaucoup d'autres, ce n'est qu'une prétention téméraire; et les moyens qu'ils emploient pour la satisfaire s'accordent rarement avec les devoirs de leur état.

Le procédé le plus commun, et qui a souvent réussi, c'est de chercher, dans des procès politiques, le gage d'une candidature populaire.

Quand je parle des procès politiques, il ne s'agit pas de ces grandes causes où la conviction du citoyen soutient, passionne et enflamme le talent de l'avocat. C'est là un des plus nobles emplois de la parole.

Il ne s'agit pas non plus de ces occasions tragiques où la force empruntant le masque de la justice, l'avocat vient ré- clamer sa place auprès des victimes ; c'est le plus sacré de nos devoirs, et je ne sache pas que, dans aucun temps, nous l'ayons jamais déserté.

Je parle de ces défenses intéressées que l'on recherche pour brusquer la fortune, et pour assurer à son nom la célébrité rapide que tiennent dans leurs mains les partis. A ces coups d'éclat, on devient aisément un personnage ; et ce que n'ont pas donné à d'autres dix années de travail, de patience et de talent, on l'emporte d'assaut en quelques minutes, pour avoir parlé fort plus que pour avoir parlé juste. On devient dans un instant un grand orateur, non parce qu'on a bien plaidé sa cause, mais parce qu'on l'a plaidée ; non parce qu'on est éloquent, savant ou honnête, mais parce qu'on est républicain, royaliste ou libre penseur. La défense est alors le moindre souci du défenseur, et sert parfois de prétexte aux familiarités les plus fâcheuses ; mais le client absous ou condamné, l'avocat a gagné sa cause. L'accusé lui fournit la moitié du succès, et l'esprit de parti se charge du reste.

La Révolution de 1848 introduisit au Palais une puissance nouvelle qui acheva d'altérer nos traditions et nos mœurs. Je veux parler de la presse.

Jusqu'alors, la littérature courante de la maison se bornait aux honnêtes cahiers de Sirey, et à ces journaux qui, rédigés par des mains habiles, faisant à la curiosité du public toute la part qu'il lui faut faire, nous entretiennent sérieuse- ment, chaque matin, de nos affaires et de nos devoirs.

Mais cette publicité discrète ne suffisait plus à l'importance que recherchaient plusieurs d'entre nous, et à cette passion futile de tout savoir et de tout redire, qui est la maladie mortelle de notre pays et de notre temps.

Pour les oisifs, la justice devint, comme tout le reste, un spectacle, dont il fallut connaître non-seulement la scène et les personnages, mais surtout les dessous, les coulisses et les machines. On fit de nous des artistes, et notre vanité y gagna tout ce que notre orgueil y devait perdre.

On parla de nos débuts et de nos rentrées, de nos succès et de nos chutes; et, dans les journaux qui paraissent chaque soir, — comme dans ceux qui, la veille, sont datés du lendemain, — le Palais eut sa page, entre les courses et les théâtres, assez loin après la Bourse et un peu avant les annonces.

On vit paraître en même temps des notices, des biographies, des portraits judiciaires, où figuraient, auprès des avocats célèbres, ceux qui aspiraient à le devenir, avec les qualités et les défauts de chacun d'eux, les détails de sa vie domestique, les étapes de ses voyages, ses bons mots familiers, et jusqu'aux traits de son visage. La salle des Pas-Perdus eut sa chronique ; et, comme le grand roi, le Palais eut ses Dangeau.

Messieurs, la presse est une puissance qui sait jusqu'où vont ses droits, et qui ne souffre guère qu'on lui enseigne ses devoirs ; mais elle ne donne, à elle seule, ni la célébrité ni la gloire, pas même la renommée véritable. Elle crée seulement des dehors brillants qui, d'assez loin, leur ressemblent, et dont la vanité du commun des âmes s'accommode. Il faut, pour ne s'y point tromper, une délicatesse d'esprit et de cœur qui n'est pas le fait de tout le monde. Plusieurs d'entre nous se sont laissé prendre à ces louanges banales ou à ces critiques bienvenues qui jettent chaque matin leur nom au public, et qui ne sont que la petite monnaie de la renommée. Ils en sont venus à désirer avec ardeur ces jouissances futiles, puis à les rechercher par des empressements suspects et des avances intéressées ; et l'on a vu des avocats oublier dans les bureaux d'un journal cette fière indépendance qu'ils se vantaient de n'avoir jamais abaissée devant un autre pouvoir.

Ainsi, le Barreau perdait peu à peu, avec la simplicité de ses anciennes mœurs, la conscience du rôle qui lui appartient et des services qu'il doit au pays. Distrait de ses devoirs par les ardeurs de la politique et par les illusions de la vanité, l'intérêt de la justice et le respect de la loi n'étaient plus son unique souci.

Je ne crois blesser aucune convenance, et je ne compromets personne aujourd'hui, en disant que les avocats virent arriver l'Empire sans engouement. Entre eux et lui, dès le premier jour, il y eut une mutuelle défiance, et comme une antipathie de famille. Il les a toujours tenus pour des adversaires. Il les a traités quelquefois comme des ennemis. Mais tout en combattant l'Empire sans relâche, parfois avec plus de violence que de sagesse, les avocats, comme la nation tout entière, ont subi son influence, et reçu, comme elle, son empreinte.

En excitant sans prévoyance et sans mesure la soif de l'argent, le goût du luxe, la passion des fortunes rapides ; en accumulant dans Paris ces travaux fameux dont les ruines mesurent aujourd'hui la stérile grandeur, ce gouvernement a fait naître un ordre d'intérêts et d'affaires que le Palais avait à peine connu jusque-là. Vous savez ce que les expropriations ont donné au Barreau, et ce qu'elles lui ont coûté. Les abus auxquels vous songez avec moi sont trop récents pour que je les rappelle longuement. Mais ils sont trop graves, ils nous ont été trop funestes pour que je paraisse les oublier et pour que je veuille les absoudre. Il n'est pas une de nos traditions qui n'ait subi là quelque atteinte. Des habitudes équivoques, des familiarités suspectes, une âpreté de procédés et d'exigences que nous ne connaissions pas, ont remplacé, trop souvent, dans ces affaires faciles, l'antique bonne foi, le dédain superbe de l'argent, le respect excessif de soi-même, toutes ces nobles chimères qui relèvent et ennoblissent la vie, qui ne sont pas le devoir, mais le luxe des âmes bien nées. et qui s'appellent — l'honneur.

Les travers et les fautes que je vous signale avec quelque rigueur ne sont pas ceux du Barreau seulement : ce sont les fautes et les travers de notre pays et de notre temps. La passion des emplois et de la richesse, l'intempérance politique, l'amour de la popularité, l'enivrement de soi-même, n'est-ce pas ce que nous avons vu partout depuis tant d'années? N'est-ce pas ce qui a préparé notre ruine? Et si plusieurs d'entre nous ont paru plus attentifs au progrès rapide de leur fortune qu'au soin de leur dignité, n'est-ce pas pour s'être laissé gagner par ce courant presque irrésistible de mauvaises doctrines et de mauvaises mœurs qui emportait, avec nous, le pays tout entier à sa perte?

Un jour, cependant, on put croire tous ces dangers conjurés : de grands changements s'étaient faits dans les conseils du souverain ; et pourquoi ne pas le dire ? une grande espérance avait pénétré dans bien des cœurs. Autour d'un jeune ministre, on vit accourir en foule, même de nos rangs, de jeunes politiques qui, jusque-là, n'avaient voulu engager au prince ni leur nom, ni leur talent, ni leur avenir. On vit sortir aussi de leur retraite, comme des témoins bienveillants et comme les parrains de cette renaissance tardive, ces grands vieillards oubliés, dont les noms consolent seuls aujourd'hui notre orgueil, et dont la sagesse sera peut-être la dernière ressource de nos malheurs.

Mais ces illusions furent vite dissipées. Bientôt vinrent, de toutes parts, les fautes sans excuse, les folies sans nom et les malheurs sans exemple.

Messieurs, c'est un triste consulat que le mien. Il ne restera célèbre que par le souvenir de nos défaites, de notre honte et de nos misères. Il a commencé en même temps que cette guerre funeste. Le jour où vous m'avez appelé à cette place, toute notre jeunesse partait pour la frontière ; et mes premières paroles, je m'en accuse, ont été comme un défi imprudent à la fortune. C'étaient des adieux pleins d'espoir à ceux qui nous quittaient. C'étaient, à travers bien des alarmes, des pressentiments orgueilleux que, comme tant d'autres, la volonté de Dieu devait, dès le lendemain, démentir.

Depuis cette époque, nous avons connu toutes les douleurs ; il n'en est aucune qui ait égalé les angoisses de ces premiers jours. Rappelez-vous ces surprises ; ces nouvelles sinistres qui traversaient la ville, toujours précédées par des bruits menteurs de victoires ; ces éclats de joie suivis d'un morne silence ; ces défaites se pressant, se poussant l'une l'autre ; puis, tout à coup, ces bulletins éperdus où une main fatale semblait redemander au hasard tout ce qu'elle lui avait follement confié ; la sédition mêlant les rangs d'une armée en déroute à la cohue d'une multitude en débauche ; et une révolution enfin rompant, d'un seul coup, le dernier lien qui retenait tout un peuple au-dessus de l'abîme. Voilà ce que vous avez vu. Voilà, jeunes gens, ce que vous ne devez oublier jamais.

Je n'ai point à juger ici ceux d'entre nous que ces événements ont emportés au pouvoir. Dans la poussière et dans le bruit de ces grandes chutes, les contemporains voient mal d'ordinaire. Ils jugent au hasard, au gré de leurs passions ou de leurs douleurs. Ici, d'ailleurs, ni l'éloge ni le blâme ne serait vraiment à sa place.

Mais ceux que nous cherchions, que nous suivions dans cette tourmente, c'étaient ces jeunes gens qui nous avaient quittés la veille, et qui sans ambition, sans illusions, presque sans espérance, allaient se jeter au plus fort du péril et combattre pour la patrie.

Des campements tumultueux de Châlons et de Saint-Maur, chaque jour nous apportait des nouvelles qui, sans dissiper nos alarmes, relevaient au moins notre cœur et consolaient notre fierté.

Là, dès les premiers jours, au milieu de cet immense chaos, on voyait se former, dans nos jeunes milices, de petits groupes de cœurs vaillants qui cherchaient à se reconnaître et à se compter. On comprit alors, une fois de plus, ce que vaut, dans ces grands désastres, la conformité des idées, des sentiments et des croyances ; ce que peuvent faire, pour fortifier les âmes, les exemples de la famille, les enseignements du foyer ; ces vieilles idées de Dieu, de patrie, de devoir et d'honneur, si dédaignées aujourd'hui ; toutes ces saintes crédulités de l'enfance qui deviennent plus tard la foi de l'homme et

***

la vertu du citoyen. Il se trouva que les enivrements du liber-
tinage, les bravades des carrefours, les promenades et les
drapeaux, les fanfares et les chansons, que ces parodies du
patriotisme et ces enfantillages grossiers de la guerre ne
faisaient ni les patriotes, ni les soldats ; et que ceux-là seuls
pouvaient compter dans les rangs, qui avaient appris ailleurs
à aimer leur pays et à le défendre.

Dès les premiers jours, la jeunesse du Palais marqua sa
place parmi les plus patients et les plus braves.

C'étaient nos novices et nos recrues, nos confrères de la
veille, nos stagiaires, les clercs de la vieille basoche, ces
enfants d'honnêtes familles et de médiocre fortune, que les
hasards de la vie allaient bientôt séparer, mais qui tous, en
passant ici, dans ces murs pleins des spectacles et des leçons
de notre histoire, y avaient appris, sous une loi commune,
les préceptes du devoir et du droit, le travail, le respect, la
fraternité véritable, toutes ces belles disciplines de l'intelli-,
gence et de l'âme qui lient l'homme à l'homme, et qui sont
le seul fondement solide des États.

La guerre les trouva prêts, — non pas enthousiastes, mais
résignés et résolus. Les travaux les plus grossiers ne rebu-
taient pas leur patience. Les souffrances les plus imprévues
n'effrayaient pas leur courage.

Les uns s'en allèrent au loin, dans leurs provinces, grossir
ces levées hâtives que la dictature demandait à la liberté,
que menaient des chefs vaillants et habiles, mais que la cupi-
dité meurtrière de quelques hommes livrait d'avance à
d'inévitables défaites. Ils allaient se mêler à ces multitudes
sans armes, sans vêtements et sans pain qui, par cet effroyable
hiver, encombraient les fondrières de Conlie, ou qui se

traînaient des marais de la Sologne aux neiges lamentables du Jura.

Les autres, — c'était le plus grand nombre, — sont venus s'enfermer dans Paris ; et pendant ces quatre mois mortels, nous les avons vus, tantôt campés dans les maisons abandonnées de Belleville, de Boulogne et de Neuilly ; tantôt, la veille d'une bataille, passant par les rues au son des clairons et des tambours, dans ces marches bruyantes qui allaient porter au loin la nouvelle de quelque mystérieux coup de main ; tantôt, le soir, dans ces lugubres retraites qui, après tout un jour de combats, les ramenaient tristement, lentement, errant sans chefs, sans ordres et comme au hasard, à travers les champs dévastés de Charlebourg ou de Drancy.

Chaque jour aussi l'on en rencontrait quelques-uns, trempés de pluie, souillés de boue, transis de froid, maigris par la fatigue et par la fièvre, noircis par la bise des nuits de décembre, rentrant au logis paternel pour y trouver quelques heures de sommeil et de repos.

Il fallait voir alors ces mères... s'emparant de leur enfant, réchauffant ses mains glacées, lavant ses pieds meurtris, le couchant dans ce lit toujours prêt, puis l'endormant avec des caresses et le veillant d'un œil jaloux, comme si c'était encore le nouveau-né d'autrefois. Alors tout s'oubliait : les fautes et les chagrins, les infidélités de l'adolescence, les longues attentes à la porte de cette chambre abandonnée ; les luttes inégales de la tendresse maternelle contre tous les ennemis de la vingtième année. Leur fils était à elles seules maintenant ; il leur appartenait par la souffrance ; et, en regardant ce grand enfant endormi, les pauvres femmes ne pensaient pas que dans un instant il allait s'éveiller, s'échapper de leurs bras et partir encore.

Il en est cependant parmi vous qui ont voulu connaître de plus près encore la vie du soldat et entrer plus avant dans la familiarité de la guerre. Les veilles bourgeoises sur le rempart ne suffisaient pas à leur zèle. La turbulence de la garde mobile décourageait leur ardeur. C'est dans l'armée, sous ces uniformes si populaires autrefois, qu'ils sont allés chercher des compagnons plus sûrs, des exemples plus utiles, et de moins bruyantes vertus.

Des avant-postes et des grand'gardes, chaque jour, nous entendions venir des noms amis, entourés de justes louanges. Ici, c'étaient des magistrats d'hier, simples soldats aujourd'hui, que des traits répétés de valeur signalaient à l'admiration de leurs chefs.

Là-bas, disait-on, à Villiers, autour du drapeau des zouaves, quatre jeunes gens, quatre frères d'armes inséparables se sont tenus tout le jour; calmes, intrépides, dédaigneux du danger. Ils ont, dans le régiment, leur histoire et leur légende. Il n'y a pas un coup de main où ils ne demandent leur place. On les appelle « les avocats ». Trois de ces vieux soldats sont des stagiaires. L'un d'eux porte un nom qui nous est deux fois cher. Il a écrit, d'une main émue, simplement, avec grandeur et avec modestie, le récit des combats dont il a été le témoin.

Un autre, un enfant, Raoul Lacour, sortait à peine des bancs de l'école. C'était un voyageur passionné, un écrivain heureux, un poète, qui se croyait un philosophe. Entouré de toutes les joies de la jeunesse et de toutes les promesses de l'avenir, la tête pleine de projets, le cœur plein d'espérance, il est tombé sur le champ de bataille, dans un jour de victoire, loin de son père qui, — trois mois après, — comme tant d'autres, apprenait, au fond d'une province, la mort glorieuse de son enfant.

Ce qu'ont fait ceux dont je parle, beaucoup d'autres l'ont fait comme eux; et, à ces grands souvenirs, il y a parmi ceux qui m'écoutent bien des jeunes cœurs qui peuvent battre d'un juste orgueil. Les uns ont reçu la récompense de leur courage; les autres l'attendent encore; et il en est, je le sais, qui s'étonnent de ne l'avoir pas déjà obtenue. Jeunes gens, si vous voulez être des hommes, et si vous voulez que ce peuple soit encore une nation, il faut pourtant vous endurcir à ces légères disgrâces. Les distinctions qui se donnent au nom du pays ont leur valeur; et, à les dédaigner comme des hochets, il y a autant de vanité qn'à les solliciter comme des faveurs. Mais, dans cette noblesse roturière dont notre démocratie est si jalouse, soyez donc, vous-mêmes, vos chanceliers et vos juges d'armes!. Avant de blâmer et de vous plaindre, regardez bien autour de vous. Ce n'est pas tout d'avoir des grades, des médailles et des croix. Il faudrait encore, quand on les a, ne jamais rencontrer des gens qui les méritent mieux que vous... Croyez-moi, c'est plus difficile et plus gênant qu'on ne le pense.

Au milieu de cette horrible guerre, et parmi tant de beaux exemples que le Barreau a donnés, savez-vous quel est celui qui m'a le plus frappé? le voici.

Un de nous porte un beau nom, inscrit avec honneur parmi ceux de vos anciens bâtonniers. Je ne veux pas dire son âge; mais ma vieille amitié ne peut pas oublier que, tous les deux, nous étions jeunes en même temps. Tout le monde l'aime. Il a un esprit original et charmant, un cœur d'or, et une modestie rétive qui, lorsqu'on sait tout ce qu'il vaut, ressemble presque à de l'orgueil. Par tempérament, par goût et par tradition, il a gardé, un peu au-delà des jeunes années, les robustes habitudes de la jeunesse.

Un jour, après nos premiers revers, je le rencontre au Palais. Il était triste, mais aussi calme que je l'étais peu : « Tu sais, me dit-il, si cela continue, j'y vais! — Où? — Je « vais m'engager; mais ne le dis pas; je trouve déjà bien assez « d'obstacles. » Je lui tendis la main en souriant, croyant que c'était une boutade de patriotisme et une chaleur de eunesse qui passerait... Le lendemain, il s'enrôlait dans un régiment de la garde. Pendant tout le siége, il est resté aux avant-postes, dans les tranchées, partout où il y avait un danger; plus brave que les plus braves; tranquille, parlant peu, supportant, sans qu'il parût les sentir, le froid, la fatigue et la faim; ayant sans cesse devant les yeux l'image de la France vaincue et la haine de l'étranger. La guerre finie, il est revenu parmi nous. Je ne crois pas qu'il ait parlé à personne de sa campagne. Je n'ai vu son nom cité nulle part. Ce vieux chevalier n'a pas voulu passer capitaine, et ce soldat obstiné a refusé dix fois d'être caporal.

Pour moi, quand je songe aux prétentions arrogantes de tant de gens, aux louanges surfaites que l'on donne à beaucoup d'autres, à cette furie de parler et de paraître qui nous a perdus, je ne vois rien de plus grand que ce dévouement taciturne qu'aucune illusion n'entraîne, qu'aucune ambition ne soutient, qu'aucun devoir ne commande, et qu'anime seul, au milieu de nos défaites sans espoir, l'amour silencieux de la patrie.

Pendant qu'on se battait hors des remparts, le Palais n'était pas abandonné. Ce n'était pas un désert, mais une solitude. Dans les longues galeries on voyait, çà et là, quelques fantômes drapés de noir portant des ombres de dossiers; c'étaient comme les revenants de la justice. On ouvrait, pour les fermer aussitôt, les portes des audiences. Quelquefois, pourtant, on plaidait, devant des bancs sans public et dans des salles sans feu. Au bout d'un instant, l'avocat était aussi étonné de parler que les juges paraissaient surpris de l'entendre. Des deux côtés on pensait à autre chose!. et, comme il faisait grand froid, les plaidoiries ne duraient guère.

Chaque semaine, par respect pour la coutume, pour ne pas laisser prescrire les traditions de notre ordre, vos anciens s'assemblaient dans cette salle que nous ne reverrons plus, et où viennent de périr pour nous tant de souvenirs. Nous avions l'air de ces vieillards de l'Iliade qui se réunissaient aux portes de Troie pour apprendre les bruits de la bataille et se raconter le combat de Patrocle et d'Hector.

Chacun apportait ses nouvelles. L'un venait de conduire jusque hors des murs le bataillon où était son fils ; et le pauvre père, pour se raffermir, marquait le pas d'un air belliqueux, comme s'il était encore dans le rang.

L'autre arrivait tard, le front soucieux. Il venait de panser son enfant, blessé cruellement dès le premier jour, et sauvé par un miracle. Celui-ci descendait de l'ambulance où il venait d'assister un mourant. — Celui-là était radieux. Il avait reçu la veille, du bout de la France, — par un pigeon, trois lignes que sa fille elle-même avait écrites. Le billet avait un mois de date. Mais qu'importe? On n'avait pas la joie difficile.

Au milieu de tant d'émotions, le Conseil avait des semblants d'affaires qui trompaient son oisiveté. Les chefs de la défense lui ont fait un grand honneur. Ils l'ont invité à choisir parmi vous des juges militaires chargés de rétablir dans les bataillons la discipline troublée par de scandaleux méfaits ; et dans ces fonctions pénibles, le Barreau a pu rendre encore au pays des services qui n'étaient ni sans importance, ni sans dangers.

Tout à l'heure, Messieurs, j'ai dit un mot que je n'aurais eu garde d'oublier : l'ambulance. — Pour qui ne pouvait pas combattre, c'était là, en effet, l'œuvre civique la plus pressante, et le Palais ne devait pas y demeurer étranger.

C'est dans l'ancienne salle des assises, dans ce grand prétoire abandonné, où jadis nous nous pressions pour entendre Chaix d'Est-Ange, Bethmont et Berryer, que, pendant près de cinq mois, les blessés et les malades ont trouvé l'hospitalité qui leur était due. C'est là que jour et nuit, à travers tous les dégoûts, au milieu des spectacles hideux et des sanglantes immondices de la guerre, — médecins, religieuses, femmes du monde, maîtres et serviteurs, riches et pauvres, tous égaux devant le devoir, —ont lutté, à l'envi, de dévouement et de zèle.

Jamais la fraternité tant de fois vantée de la magistrature et du Barreau ne s'était montrée plus familière, plus intime et plus féconde.

Pourquoi, dans ce récit où je ne veux nommer aucun de vous, pourquoi ne nommerais-je pas du moins quelques-uns des hommes qui nous soutenaient par leur exemple? Et si je le fais, qui donc suspecterait ici la liberté de mon témoignage? Comment parler de l'ambulance du Palais, sans rappeler, en nommant M. le premier président Gilardin, celui qui en était l'âme et la vie? Comment oublier la sim-

plicité austère et tendre avec laquelle, bravant ses propres
souffrances, oubliant jusqu'à ses angoisses paternelles, il
faisait à ces pauvres soldats les honneurs de notre maison?

Et le président Berthelin, si tranquillement actif, si natu-
rellement dévoué? Et cet administrateur sans rival, Egée,
l'industrieux économe de nos vivres qui renaissaient comme
par miracle sous sa main.

Et Millet, cet interne réfractaire devenu avoué, que je vois
encore aux visites du matin, avec son tablier d'hôpital, éton-
nant nos docteurs eux-mêmes par son impassible dextérité.

Les jours de bataille, l'ambulance *sortait*, comme on disait
alors. Et, pour avoir sa place dans ces expéditions, il fallait
se lever matin, prendre bien son temps, et quelquefois user
d'adresse. On allait, au bruit du canon, par le vent et dans
la neige, recueillir les blessés dans les champs, le long des
chemins, à Champigny, au Bourget, à Suresnes. Partout c'était
le premier président qui marchait en avant, comme à l'audience, mais en tenue de guerre, — *in procinctu*, — en
grandes guêtres, la croix rouge au bras, portant le brancard,
allant toujours, avec une bravoure naïve, droit devant lui :
« Baissez-vous donc, monsieur, » lui disait, à Champigny,
un de nos médecins militaires.

A l'ambulance du Palais, on rencontrait aussi deux magistrats, très-différents l'un de l'autre, que la mort allait frapper tous les deux, et que, malgré tant de traits qui les sé-
parent, j'unis ici dans un commun souvenir.

Le procureur général Paul Fabre avait été, avec son éminent collègue M. le président Laborie, un des créateurs de
cette pieuse entreprise. Gravement atteint par la maladie, il
n'avait pas voulu reculer devant les émotions et les fatigues.

La dernière fois que je l'ai vu, c'était un matin du mois de décembre, dans les plaines de Drancy, par un horrible froid, enveloppé dans des fourrures qui le défendaient mal de la bise; souffrant et pâle, mais calme, et conservant, au milieu de tant de douleurs, ce sourire discret où se reflétaient la bonne grâce d'une intelligence facile et la jeunesse d'une belle âme dont les violences de ces tristes temps n'avaient point altéré la sérénité.

Le président Bonjean était un vieillard tumultueux, d'un esprit alerte, original et bienveillant; très-familier; conteur infatigable; savant comme on ne l'est plus; brave comme on ne l'est guère, par tempérament et à son insçu; patriote ardent, qui semblait né pour les temps de troubles. En le voyant, je songeais toujours à nos vieux parlementaires du temps de la Ligue. Il me rappelait Brisson pour l'esprit et le vaste savoir, Duranti et de Harlay pour le courage. Dans ces jours funestes, il n'avait qu'une pensée, qu'une passion: la France... Cet otage appartenait de droit à la Commune. Il est tombé sous les coups des assassins en héros, comme un de ces stoïciens de Rome qui mouraient chrétiens sous Tibère. Les lettres qu'il a écrites dans sa prison resteront comme un des plus illustres témoignages de la conscience humaine au milieu de ces jours d'épouvante. L'antiquité n'a pas vu de plus grande mort.

Malgré tant de sacrifices et tant de vertus inutiles, Paris ouvrit enfin ses portes. Lorsqu'arriva cette sombre délivrance, il y eut un moment où tout sembla s'arrêter et se taire. La douleur, la crainte, l'espoir, la haine même, tout disparut dans un élan de curiosité passionnée qui emportait au loin ces âmes captives. Des lettres! Qui ne se rappelle ces premières lettres s'échappant enfin de la dure main du vainqueur! Les bruits du monde venant enfin jusqu'à nous! Ces joies et ces douleurs inconnues que pendant cinq mois le temps avait lentement amassées, et qui fondaient sur nous tout à coup! Les nouvelles de l'enfant, du frère, des amis que des obstacles invincibles avaient retenus loin de nous!

Puis les coups de foudre! Les funérailles tardives qui suivaient la mort de si loin! Les surprises cruelles qu'ici même la providence infligeait aux meilleurs d'entre nous!

A l'un, on apprenait que depuis quatre mois tout entiers son père était mort, tué à quatre-vingt-quatre ans, dans sa maison, au pied du lit de sa fille. Et avec cette famille en deuil, nous pleurions le magistrat éminent, le patriarche vénéré, auquel la guerre avait envié sa verte vieillesse (1).

Un autre (2) avait cinq enfants, là-bas, loin de lui, à Orléans. Enfin, après tant de jours d'angoisse, voici une lettre où il baise la trace de leurs petites mains. Mais au bas de la page, trois seulement ont écrit leurs noms. Et les autres?.. Ils sont morts... morts tous les deux, il y a plus d'un mois, chassés le long des chemins par des soldats allemands; tués par le froid, par la fatigue et par la terreur, en fuyant avec leur mère sur un champ de bataille; tous deux succombant presque ensemble, à quelques jours d'intervalle, et se suivant dans la mort comme ils se suivaient dans la vie.

Mais je m'attarde à ces souvenirs de la guerre, et la guerre est finie, sans que la défaite elle-même amène la fin de nos malheurs. Une honte nouvelle allait effacer d'un seul coup la honte de tous nos revers.

Je n'ai pas à faire l'histoire de la Commune, et de la sé-

(1) M. Lévesque, président honoraire du tribunal de Soissons.
(2) M. Housset, avocat à la Cour de cassation.

dition d'où elle est sortie. Je n'ai pas à montrer l'origine de l'entreprise, les occasions qui l'ont servie, les complicités qui l'ont aidée, les défaillances qui lui ont livré le pouvoir. Ce que Paris a vu et a souffert, non, je n'ai pas le courage de l'écrire, et rien ne m'en impose le devoir. Mais il faut qu'à travers ces souvenirs lamentables je suive mon dessein et j'accomplisse ma tâche jusqu'au bout.

Messieurs, je me suis montré assez dur envers nous-mêmes pour avoir le droit de parler de nous librement. Le Barreau est sorti pur de cette révolution avortée, à laquelle il n'a donné que des victimes. C'est à peine s'il a prêté à ce drame honteux quelques infimes comparses. C'est la presse qui a eu presque tout l'honneur de ce roman monstrueux né dans les tavernes et les cavernes littéraires de la démagogie. Les écrivains honnêtes ont eu cette douleur, les lettres françaises ont subi cette injure, de compter des écrivains et des artistes parmi les chefs les plus fameux des meurtriers et des incendiaires de la Commune (1).

Soyons modestes cependant : les registres du stage ont alors, pour la première fois, donné un garde des sceaux à la France ; et, pour illustrer ses débuts, ce jeune homme décréta deux nouveautés que le despotisme et la barbarie avaient connues plusieurs siècles avant lui : les cours martiales et le régime des otages.

Ces institutions libérales allaient donner au Barreau de grands embarras. Pour les juridictions civiles qu'on avait créées en même temps, rien de plus simple. A nos yeux, elles n'existaient pas. A ceux qui se contentaient de ce président et de ces juges, nous ne devions rien. Libre à eux de dé-

(1) Voir, dans la *Revue des Deux-Mondes* du 15 juillet 1871, le bel article de M. Caro : *La Fin de la Bohême.*

battre eux-mêmes leurs intérêts, ou de les faire défendre par les citoyens officieux de la maison. Des avocats et des plaidoiries n'auraient rien ajouté à la sécurité des parties. D'ailleurs, pendant sa courte existence, ce parlement muet a compté plus de juges que de plaideurs.

Mais la justice criminelle!... Les cours martiales!... Les jurys d'accusation!... Quoi? Un accusé va paraître devant ces juges, un otage devant ces bourreaux, et, dans ces antres de justice, il ne trouvera pas un visage ami, un défenseur ou un témoin! Devant cette force aveugle qui va frapper, pas une main ne se lèvera pour attester le droit et la justice! Et nous, serviteurs de la justice et du droit; nous qui, à travers les flatteries et les railleries du monde, mettons dans ces vieux noms tout notre orgueil, et qui leur avons dû souvent les honneurs d'une popularité sans périls, nous serions restés muets devant le danger! C'eût été la première fois, et vous n'avez pas fait à notre histoire cette injure.

Le soir même où la cour martiale ouvrit ses portes, sans être appelés, sans être attendus, plusieurs d'entre vous étaient là. Une curiosité inquiète les avait amenés. Mais à la vue de ces malheureux qu'on venait de tirer de leurs cachots et qu'on jugeait en quelques minutes, sans citation, sans délais, sans témoignages, sans défense, avec des railleries et des injures, ils ne purent se taire, et, se montrant à la barre, ils réclamèrent résolûment, au nom du droit outragé. Devant cet obstacle imprévu, la procédure expéditive de la Commune s'arrêta pendant tout un jour.

C'était là, de la part de nos confrères, une imprudence généreuse qu'aucun de vous ne songe à blâmer, mais qui devait nous faire réfléchir.

Si ces juridictions sauvages devaient durer, les avocats ne pouvaient pas, cependant, en devenir les auxiliaires, prêter leur parole aux banalités d'une défense inutile, et, violant toutes les lois auxquelles ils ont juré d'obéir, légitimer par leur présence ces parodies sanguinaires de la justice. On n'accuse pas des otages; il est puéril de les défendre, et il faut que les hommes qui les tuent ne puissent pas dire qu'ils les ont jugés.

Nous nous sommes réunis, et nous avons décidé que, devant les tribunaux de la Commune, de quelque nom qu'elle les voulût appeler, il ne pouvait y avoir ni avocats, ni Barreau ; mais que partout où un malheureux nous appelait, l'homme, le citoyen ne relevant que de lui-même, et sachant parler, devait aller à son secours. Nous avons déposé, pour ne les point laisser avilir, les insignes de notre état, cet antique costume qui, dans nos traditions, représente la liberté de parler et de défendre. Mais, de ces traditions respectées, nous avons gardé les enseignements que nos devanciers nous ont transmis, et que, s'il plaît à Dieu, nous laisserons à ceux qui viennent après nous : la pitié pour le malheur, la haine de toutes les tyrannies et le mépris de toutes les violences.

Ces résolutions allaient être bientôt mises à l'épreuve ; et, par une fatale rencontre, c'est à un membre du Barreau que l'un de nous devait aller d'abord offrir ses conseils, et les efforts d'un dévouement inutile.

Gustave Chaudey fut un de ces hommes qui semblent nés pour servir de victimes aux révolutions. Très-jeune, dans son pays, en Franche-Comté, il avait connu son compatriote Proudhon, et cet actif penseur lui avait fait sentir le poids de sa lourde familiarité. Je ne sais si Chaudey suivait le mattre jusqu'au bout de tous ses sophismes ; mais son esprit sincère n'était ni assez léger, ni assez profond pour se mêler sans danger aux jeux de cette grande intelligence railleuse. C'est l'écueil ordinaire de ces communautés inégales, où l'un des deux conserve rarement toute sa liberté.

De cette intimité redoutable, Chaudey avait gardé l'empreinte, la marque de Proudhon, le pli général de sa pensée, un mouvement d'esprit sans repos vers un but incertain, et comme un sourd mécontentement politique, avec une vue assez confuse des changements qui l'auraient pu satisfaire. Ses amitiés, ses souvenirs, le penchant de toute sa vie le poussaient malgré lui vers des gens dont les violences stupides irritaient sa raison et déconcertaient sa candeur. A chaque instant il s'éloignait d'eux avec dégoût. Mais il les avait vus d'assez près pour les bien connaître, les gêner souvent, leur devenir suspect, et se faire surveiller. La France connaît depuis longtemps ces esprits hardis et timides qui s'arrêtent au milieu des révolutions, et que les révolutions écrasent sans pitié. Les plus honnêtes et les plus illustres se sont appelés les Girondins. Les autres ne laissent pas de trace dans l'histoire.

Chaudey n'était plus un jeune homme lorsqu'il est venu parmi nous. Il avait beaucoup vécu loin de Paris, au Barreau, dans la presse, dans l'exil, dans le cercle étroit d'un parti, dans l'emphase naïve des polémiques de province. Mais par son mérite et par sa franchise, il s'était fait ici, sans trop d'efforts, une place honorable. Sa personne et sa parole n'avaient rien de banal. Ses grands traits rustiques, empreints d'une bienveillance un peu solennelle, respiraient la bonté, le courage et la bonne foi. Son discours avait une familiarité robuste et des trivialités heureuses qui, devant un grand public, donnaient à cet orateur incomplet ses heures de popularité.

Pendant le siége, Chaudey avait été élu maire d'un arron-
dissement, puis adjoint au maire de Paris. Ce fut la cause
de sa perte. Il était à l'Hôtel-de-Ville, le 22 janvier, lorsqu'il fallut repousser par la force un de ces assauts où s'es-
sayaient les bandes de la Commune. Plus tard, lorsqu'elle
eut triomphé, il soutint dans un journal des opinions qui
déplurent, j'ignore pourquoi, au nouveau pouvoir. Vous
savez le reste : dénoncé, arrêté, détenu pendant près d'un
mois à Mazas, transféré ensuite à Sainte-Pélagie, un soir il
fut arraché de sa chambre par un des chefs de la Commune,
qui le fit massacrer sous ses yeux. Partout où l'on prononcera
le nom de Chaudey, il faut que le nom de Raoul Rigault
l'accompagne et demeure attaché à jamais au souvenir de
cet assassinat.

Rien ne put sauver le pauvre Chaudey, ni les démarches
du confrère dont il avait accepté le vain secours, ni l'intrépi-
dité d'un ami fidèle qui, dix fois, a risqué pour lui sa liberté
et sa vie (1), ni le dévouement de sa jeune femme qui, pour arriver jusqu'à lui, a bravé tour à tour les insultes et les balles.

Chaudey a supporté sa captivité avec constance ; il est
mort avec courage. L'enfant qu'il a laissé nous appartient, et
j'ai pris en votre nom, sur la tombe de son père, un engagement auquel nous ne manquerons pas.

L'arrestation de Chaudey fut une des premières violences
de la Commune, et le signal de beaucoup d'autres. Quinze
jours après l'avénement de ces hommes, les prisons étaient
pleines, et Paris asservi voyait renaître la sombre légende
dont nos pères avaient si souvent effrayé notre enfance : les
dénonciations publiques, les délations de voisinage, les vi-

____

(1) M. Cernuschi.

sites domiciliaires, les réquisitions à main armée; les églises envahies, les sépultures violées ; des bandes sordides faisant dans nos rues et dans nos maisons la police et la loi; une milice en débauche, maîtresse absolue de la fortune, de la liberté et de la vie des citoyens; — enfin, cet excès de honte que nos pères, du moins, n'avaient pas connu : — l'étranger, maître des faubourgs, spectateur de notre ignominie, et pactisant avec cette *Terreur* dégénérée qui, dans ses avances obséquieuses, oubliait devant lui jusqu'au souvenir de nos défaites et reniait jusqu'au nom de la patrie.

Parmi tant de victimes, la Commune avait ses préférences. C'est contre le clergé catholique qu'elle avait d'abord tourné sa haine et déchaîné les fureurs populaires.

Dès le premier jour, dénoncé par son titre seul, sans que rien dans sa vie pût faire présager ce sinistre caprice, l'archevêque de Paris était promis, comme otage, au bon plaisir du peuple et à la sûreté de la sédition.

En même temps, le clergé de Paris presque tout entier fut voué au même sort.

L'archevêque, le curé de la Madeleine, des religieux, des prêtres sans nombre furent emprisonnés au hasard, sans motif, sans choix, souvent sans mandat, quelquefois sur le signe d'un voisin ou d'un passant. « Combien avez-vous « arrêté de prêtres, demandait l'un de nous, deux jours « avant les massacres, au plus redouté des hommes de la « Commune ? — Je n'en sais rien, mais pas assez. Si l'on « m'écoutait, ils *y seraient tous* !! »

En présence de ces attentats, de ces menaces, de ce jury trié par la Commune, surveillé par son procureur, où l'assassinat allait tenir ses grands jours et rendre ses arrêts, les avocats cherchèrent à faire leur devoir.

Pour voir les prisonniers ordinaires, il ne fallait qu'un peu de persévérance. Il fallait traverser les tribus armées qui campaient dans les couloirs de la *sûreté*, escalader des groupes d'enfants endormis, de femmes assoupies et d'hommes assouvis, et, au milieu des tonneaux, des brocs et des bouteilles, pénétrer jusqu'à quelque fonctionnaire important.

Mais pour voir les prêtres, on se heurtait à des résistances presque invincibles et l'on pouvait courir quelques dangers.

Malgré ces obtacles, plusieurs de ces saints prêtres, avant de mourir, ont pu voir un visage ami, serrer une main dévouée, entendre des paroles d'encouragement et d'espoir, et recevoir, d'une bouche profane, ces consolations que tant de fois ils avaient portées aux âmes voisines de la mort. La veille de sa chute, la Commune avait résolu de les faire juger, et de toutes parts des citoyens courageux s'offraient pour les défendre (1). Hélas! ils ne devaient avoir ni juges ni défenseurs; mais il leur est resté parmi vous un témoin pour attester leur courage, la sérénité de leurs derniers entretiens, l'émotion avec laquelle, s'oubliant eux-mêmes, ils parlaient des douleurs de la patrie; et pour dire que, près de paraître devant Dieu, ils élevaient vers lui leur pensée et le priaient pour leurs bourreaux.

Messieurs, en massacrant ces victimes, la Commune n'avait pas accompli toutes ses menaces; elle n'était pas au bout de tous ses crimes. Longtemps à l'avance, elle avait annoncé la mort des otages; on ne l'avait pas crue. Elle avait annoncé qu'elle brûlerait Paris; on ne l'avait pas crue encore. Vous savez comment elle a tenu sa parole. Dans cette dure sen-

(1) Parmi les hommes étrangers au Barreau, qui devaient concourir avec lui à la défense des otages, il faut citer au premier rang, M. Ploux et M. Ed. de Pressensé.

tence, le Palais était justement condamné. Ce n'était pas seulement, dans le passé, la demeure de nos anciens rois, le siége
de l'unité nationale, l'un des foyers les plus brillants de la
civilisation et du génie de la France. Au cours du temps,
ce vieux Palais était devenu, pour Paris, le centre de la vie
civile et l'asile inviolable où le droit de chacun trouvait sa
charte, ses preuves et ses sûretés. Dans ses réduits obscurs,
dans ses greffes poudreux, il cachait un trésor : les parchemins,
les blasons et les archives de cette société maudite que l'on
s'était promis d'anéantir sans retour. Il fallait que tout pérît :
les contrats, les jugements, les titres d'hérédité, ces lois volon-
taires qui nous gouvernent et qui nous lient ; tout, jusqu'à
nos noms; jusqu'à nos antiquités domestiques, jusqu'à ces
actes sacrés que les générations se transmettent l'une à
l'autre, comme le seul témoignage durable de leur passage
d'un jour sur cette terre.

La salle des Pas-Perdus, que l'Europe entière connaissait,
est tombée dans cet immense brasier, couvrant de ses dé-
combres la place où fut la Table de marbre, et où se pressaient
les plus anciens souvenirs de notre histoire. Vous avez vu là
l'effrayant chef-d'œuvre que le génie du mal a su faire :
les voûtes déchirées, ouvertes sur le ciel ; ces fers gigan-
tesques tordus dans la fournaise ; les dalles soulevées par
l'incendie et se heurtant en tumulte; les statues mutilées; les
murailles dorées par les flammes, comme sont dorés par le
soleil de la Grèce les marbres du Parthénon; ces colonnes
rugueuses, rongées et ciselées par le feu, comme des arbres
qu'a broutés la dent des troupeaux.... Et au fond de la
scène, éclairé par un brusque rayon de lumière, ce bas-
relief étrange : la Justice impassible, l'immuable Thémis
tenant la balance, appuyée sur le glaive, et regardant les
coupables.— Mais déjà cette vision s'est évanouie; l'apparition

vengeresse est rentrée dans l'ombre ; et ces ruines même ont péri..... *Etiam periere ruinæ* !

Messieurs, dans ce grand désastre, nous n'avons point été épargnés. Vous voyez ce qui reste de notre antique héritage. La salle du Conseil s'est effondrée dans les flammes. Les bustes de Paillet et de Marie, qui semblaient présider encore aux délibérations de vos anciens, ne sont plus que des débris informes; 16,000 volumes de notre bibliothèque sont brûlés, les deux tiers de nos richesses! nos livres d'étude, les compagnons, les maîtres de nos jeunes années ! Si tout n'a pas péri, vous le devez au courage du gardien fidèle auquel ce dépôt précieux était depuis longtemps confié (1). Et si une partie de nos pertes peut être un jour réparée, vous le devrez à la générosité de ces amis du Barreau qui viennent à nous, de toutes parts, les mains pleines de largesses. Qu'ils reçoivent ici, tous ensemble, le témoignage de notre profonde reconnaissance.

La Sainte-Chapelle, restée seule debout et intacte dans un cercle de feu, a recueilli, comme un lieu d'asile, les épaves de notre ruine. C'est là que, pendant l'incendie, nos livres étaient jetés pêle-mêle. C'est là qu'un jour vous auriez pu voir un de vos anciens emportant dans ses bras le buste classique de Gerbier ; trébuchant à travers les escaliers, les poutres et les cordages ; et déposant enfin son fardeau sacré loin du danger, au fond du sanctuaire. Le moment ne prêtait guère aux réminiscences poétiques. Mais comme c'est un rêveur, il m'a conté qu'à chaque pas, il songeait, sans pouvoir s'en défendre, au pieux Énée emportant sur ses épaules, dans la nuit fatale d'Ilion, le vieil Anchise et ses dieux domestiques.

(1) M. Nicolas Boucher.

Maintenant, Messieurs, nous voici réunis dans nos ruines, cherchant nos livres détruits, nos souvenirs brisés, nos traditions chancelantes, nos amis dispersés ; nous cherchant nous-mêmes au fond de cet abîme de maux. Reprenons d'abord au passé tout ce qu'il peut nous rendre. Redemandons à la mort ceux d'entre nous qu'elle a frappés, et, pour un instant, faisons-les revivre.

Quels qu'aient été leur mérite, leurs vertus ou leur grandeur ; quels que soient les rangs que la destinée leur ait assignés ici-bas, il en est auxquels appartient aujourd'hui sans partage la première place dans notre deuil et dans nos cœurs. Je nomme, avant tous les autres, ceux qui sont tombés pendant la guerre en combattant pour leur pays :

Gaston de Romance, officier dans la garde mobile, tué à la citadelle de Laon, le 9 septembre 1870 ;

Gustave Hanaire, officier dans la garde mobile, tué à la défense de Dijon, le 30 octobre ;

Émile Langle, soldat dans la garde mobile, mort au mois de décembre, à l'armée de la Loire ;

Raoul Lacour, soldat au 3ᵉ régiment des zouaves, tué à la bataille de Villiers, le 2 décembre ;

Hippolyte de Boisset, soldat à la 2ᵉ légion du Rhône, tué au combat d'Héricourt, le 16 janvier ;

Marie-Joseph Duponchel, soldat au 4ᵉ régiment de zouaves, tué à Montretout, le 19 janvier ;

Léon Guillard, garde au 116ᵉ bataillon de marche, tué à Buzenval, le 19 janvier ;

Jacques Pinon, sergent-major au 38ᵉ régiment, tué à Buzenval, le 19 janvier.

Legoaslier d'Argence, lieutenant dans la garde mobile du Calvados, mort à Mézidon, au mois de janvier 1871.

Au nom du Barreau de Paris, au nom de tous les Barreaux de France, je salue avec respect ces jeunes morts et je leur adresse un dernier adieu. Ils sont morts pour la patrie. Leur mémoire s'offenserait d'une autre louange.

Tout en frappant ainsi les plus vaillants et les plus jeunes, la mort poursuivait loin des combats sa tâche accoutumée; et à son jour, à son heure, sans oublier personne, elle allait chercher, au sein de leurs retraites tranquilles, ceux dont l'heure et le jour étaient venus. Nous avons vu disparaître tour à tour des vieillards modestes qui semblaient être les survivants d'un autre âge : M. Estienne, notre doyen; Mrs Pelletier, Wentz, Maugras; Bonjour; Gautier-Lachapelle, qui a tenu au Palais une place distinguée; Nagel, cette ombre discrète de Paillet; Tanc, un homme de cœur, que l'adversité a usé, mais qu'elle n'a jamais vaincu.

Puis des confrères plus jeunes, mêlés de plus près à nos générations : Mabire, Grillet; Léon Moullin, un curieux, un chercheur, un nomade intelligent qui n'a jamais fait que nous quitter, mais qui pensait à nous au bout du monde; Alexis de Pomereu. Édouard Caumartin, si brillant, si aimé, si aimable, dont le nom réveille pour nous les souvenirs lointains de notre jeunesse. Ce pauvre Meunier, que, lui aussi, les années semblaient oublier; un esprit juste, un brave cœur, un avocat excellent, tranquille, qui tenait pour ce qu'ils valent les honneurs et les affaires, et qui laissait aller la vie avec une si honnête et si charmante nonchalance; un de ces hommes dont parle le cardinal de Retz, « qui ne remplissent pas tout leur mérite. » Delasalle, qui allait passer au premier rang; un des hommes les mieux nés pour le Barreau, sérieux, ardent, habile, avec une volonté qui s'acharnait; sachant le droit, les affaires, et le monde; un avocat presque accompli, et qui avait à peine quarante ans. Lanne, enlevé, au seuil même de la jeunesse, par un accident terrible. Chevreau. Rodrigues, que les hasards de la vie avaient éloigné de nous et nous avaient ramené tour à tour, et qui est mort au moment où il allait reprendre ici le rang que déjà lui avait assuré son mérite. — Et Salvetat!. Cet esprit charmant, cette nature élégante, énergique et frêle!. Lui aussi, nous avait quitté; mais il ne devait pas revenir!.

En deux années, est-ce assez de deuils? Et combien de fois faudra-t-il reprendre ces tables de mort qui se rouvrent d'elles-mêmes sous ma main?

La Cour et le Tribunal ont perdu deux magistrats qui ne leur appartenaient pas tout entiers. C'est au Barreau que M. Mollot avait conquis sa paisible renommée. Il a siégé long-temps au Conseil, et, pareil aux cénobites d'autrefois, qui écrivaient l'histoire de leur couvent, il a recueilli dans des ouvrages qui resteront populaires toutes les traditions de notre ordre. Jusque dans ses dernières années, le vieux conseiller ne voulait être pour nous qu'un avocat. L'amour et le mal du pays le ramenaient sans cesse dans cette salle où nos livres eux-mêmes paraissaient le reconnaître. Là il se sentait heureux; son large sourire semblait s'épanouir encore; toutes les mains serraient la sienne, et, en entendant ce nom si familier à leurs études, les jeunes gens levaient brusquement la tête. Ils regardaient passer Mollot avec une curiosité respectueuse, comme un des ancêtres du stage; comme s'ils voyaient passer l'ombre de Boucher-d'Argis, ou M. de Riparfonds en personne.

M. Dupuich est arrivé assez tard au Barreau de Paris, mais nous l'avons aimé tout de suite comme un ami, et bientôt nous l'écoutions comme un maître. Il était si bon! Il plaidait

si bien ! avec simplicité, avec énergie, avec droiture. Il n'y a
pas eu au Palais un meilleur avocat, et nulle part il n'y a eu
un plus honnête homme. Son talent, sa méthode, sa connais-
sance parfaite du droit rappelaient Liouville ; un Liouville
apaisé, moins rude et moins possédé par les affaires. Comme
lui, Dupuich nous a laissé un fils excellent, et ces deux noms
dignement portés continueront parmi nous de nobles traditions de famille.

Enfin, il y a quelques jours à peine, la science du droit
et l'École de Paris, ont fait une grande perte que le Barreau
a ressentie très-vivement : M. Pellat est mort après une longue
carrière, laissant dans la science un nom respecté, et
dans la mémoire de ses élèves reconnaissants des souvenirs
que le temps ne peut effacer.

C'est la tradition et l'honneur du barreau, de recueillir,
à travers les révolutions, les vaincus de tous les partis et les
naufragés de toutes les tempêtes ; les morts comme les vi-
vants ont droit à cette libérale hospitalité. M. Delangle
n'est pas mort durant mon bâtonnat. Mais il nous a trop
longtemps appartenu ; son talent a jeté sur notre profession
trop d'éclat pour que le barreau ne fût pas en droit de me
reprocher un silence contre lequel protesteraient, d'ailleurs,
les souvenirs reconnaissants de ma jeunesse. M. Baroche est
mort il y a quelques mois, à l'heure où son fils tombait glo-
rieusement sous les murs de Paris, en donnant à cette journée
sinistre du Bourget une héroïque légende. — M. Baroche
avait lutté longtemps pour conquérir au Palais la place qui
lui était dûe ; mais par une juste revanche, ses derniers pas
vers la renommée furent rapides. A peine arrivait-il au se-
cond rang, qu'on le vit paraître au premier ; et jeune encore,
il était devenu le chef de ce barreau, lorsque la révolution

de 1848 fit de lui un homme politique. Il ne me convient de suivre aucun de nous dans ces aventures périlleuses ; c'est aux portes du Palais que. je m'arrête avec vous, pour dire adieu à ceux qui nous quittent et pour tendre la main à ceux qui reviennent. Mais nous devons honorer ici tous ceux qui, à travers les violences des partis, au milieu des entraînements et des amertumes du pouvoir, gardent la mémoire d'une profession qui nous est chère, et de cette demeure studieuse où il ont vécu avec nous. Personne n'était resté plus fidèle que M. Baroche à ces souvenirs du passé. Personne, en s'éloignant d'ici, n'était resté plus près de nous, avec plus de bienveillance et de cordialité. Personne n'oubliait plus vite, pour nous rendre un bon office, des ressentiments qui souvent n'auraient pas été sans excuse. Sa porte était ouverte à toute heure aux chefs de notre ordre comme aux plus obscurs d'entre nous. Et quoique, le jour de leur mort, ni M. Baroche, ni M. Delangle ne fussent inscrits sur notre tableau, le barreau de Paris serait bien ingrat, celui qui parle à cette place serait bien coupable, si les noms de vos anciens bâtonniers ne trouvaient pas, dans cet appel funèbre, la place d'honneur qui leur appartient.

Messieurs, voilà bien des noms amis que vos respects et vos regrets accompagnent ; il en est un pourtant que vous attendez encore, et auquel, en vous rappelant tous les autres, je n'ai pas cessé de penser avec vous. Le souvenir de M. Marie se mêle, malgré nous, à tous ces souvenirs. Il les domine sans les effacer, et il n'est pas un de vous qui n'ait en ce moment devant les yeux son image.

M. Marie a été l'un des grands avocats de notre temps. D'autres ont eu au Palais un emploi plus actif ; il n'aimait ni le tumulte des audiences, ni la précipitation des causes vulgaires; et il a toujours eu la terreur plus que la passion de plaider. Mais il apportait dans les débats judiciaires comme dans les orages politiques une large intelligence, une philosophie grave, une noblesse naturelle, qui donnaient à sa parole une autorité partout respectée, et à son sujet, quel qu'il fût, une singulière grandeur.

Avec des opinions et des idées qui sont restées longtemps jeunes, c'était un homme de l'ancien régime et un avocat de l'ancien temps. A voir sa haute taille, son geste énergique, cette tête antique, fine et dégagée, ce regard plein de jeunesse, ce visage imberbe fouillé par l'âge et par l'étude ; ces traits austères; à entendre cette voix émue, fatiguée, solennelle ; à suivre les plis de la robe obéissant avec harmonie à l'action de l'orateur, il semblait que ce fût un vieux Romain des beaux temps de Rome, — un sénateur et non un tribun, — envoyé par les dieux pour nous faire aimer la République.

Ce républicain était l'ami le plus fidèle de Berryer. Pendant 40 ans, ils ont vécu l'un près de l'autre, dans la même maison; et la simplicité de cette illustre demeure faisait honte au luxe insensé qu'affichaient tant de petites gens.

M. Marie avait le goût de tous les arts honnêtes qui charment la vie. Il aimait la poésie, cette autre éloquence; les tableaux et les statues, comme Cicéron; la musique surtout avec passion, avec l'enthousiasme d'un artiste et la docilité d'un heureux père. Dans ces dernières années, — quand il valait la peine de vivre, — c'était un plaisir, les jours de repos, de rencontrer ce grand vieillard et cette jeune femme marchant d'un pas léger, souriant tous les deux, tous les deux fiers l'un de l'autre, allant à leur fête accoutumée, et se hâtant comme s'ils avaient peur de faire attendre Beethoven et Mozart.

Dans quelques jours, Marie revivra devant vous tout entier. Vous entendrez l'histoire de sa vie si pure, racontée, comme il convient à sa mémoire, par un de ces jeunes gens qu'il a tant aimés, et auxquels il aurait, dans ces jours d'épreuves, donné de si haut de si sages leçons.

C'est lui, Messieurs, qui aurait su vous encourager et vous instruire. C'est lui qui aurait pu vous montrer, par son exemple, ce que c'est que la conscience, le patriotisme et le devoir.

C'est lui qui vous aurait dit qu'au-dessus de nos ambitions et de nos honneurs d'un jour, il y a un grand témoin vers lequel il faut relever sans cesse nos intelligences et nos cœurs ; qu'au milieu des agitations vulgaires de la vie, il faut avoir au dedans de vous une idée, une croyance, une idole — qui ne soit pas vous même, — une lumière secrète qui éclaire et féconde tous vos travaux.

Il vous aurait enseigné que l'amour de la patrie n'est ni la superstition d'une secte, ni le mot d'ordre d'un parti, ni le lieu commun d'une école, mais la loi même de notre race et l'amour qui donne la vie à tous les autres. Il vous aurait montré, mieux que personne, l'ingratitude des partis politiques et les désillusions amères qui suivent les courtes joies de la popularité ; mais, à travers nos folies et nos malheurs, il vous aurait dit qu'il ne faut ni désespérer de l'avenir, ni vous décourager de la France, et qu'après l'avoir bien servie pendant la guerre, il faut comprendre avec elle la leçon et les humiliations de la paix.

Non ! nos ennemis ne sont ni meilleurs que nous, ni plus purs. Cette corruption dont leurs lourdes railleries nous accusent, elle est dans leur sang comme dans le nôtre. Leurs vices nous ont pénétrés avant que leurs armes nous aient envahis; et il est plus d'un crime qui, sans leur exemple, n'aurait pas déshonoré notre histoire. Mais ils nous ont vaincus avec trois mots dont ils ont fait vingt victoires : l'ordre, la patience et le respect.

L'ordre; la patience; le respect; voilà ce qu'il vous faut apprendre ici. Notre société tout entière est sortie du devoir; il faut qu'elle y retourne. Chacun dans ce pays a quitté sa place; il faut que chacun la reprenne. Les mots de notre vieille langue ont perdu leur sens; il faut qu'ils le retrouvent. A peine sait-on, dans le chaos de barbarismes et de sophismes où nous sommes perdus, ce qui s'appelle le bien et ce qui s'appelle le mal; tous les vices prennent le nom de toutes les vertus; devant ces ruines qui fument encore, on demande ce que c'est que le crime, et il n'est pas jusqu'au meurtrier qui ne prétende juger la justice. Il est temps que cela cesse; que nous parlions enfin le français d'autrefois, et que nous disions avec notre grand ancêtre Pithou, qui, lui aussi, vivait dans des jours de démence : « Or ça, je n'y sçais point tant de détours; je suis de ceux qui appellent pain ce qui est pain, et vin ce qui est vin... »

Nous sommes des impatients; il faut que nous sachions attendre. Il faut que la jeunesse attende l'âge d'homme pour prendre la robe virile, et qu'elle sache ce que c'est que la République avant de s'enhardir à la gouverner.

Nous sommes des insoumis ; le besoin de parler et la fureur de reprendre rendent le commandement impossible. Il n'est pas un nom illustre qui n'ait été avili par nos sarcasmes, pas un homme utile que nos railleries n'aient mis hors d'usage en quelques jours ; et le sûr moyen d'obtenir la popularité, c'est de dénigrer avec furie tout ce qui devrait être populaire. Jeunes gens, il faut que vous appreniez le respect : le respect de l'âge, du talent, des services rendus au pays ; mais, avant tout, le respect de la loi, sans lequel vous n'aurez ni monarchie, ni république, mais des dictateurs, jusqu'à ce que vous demandiez un despote.

Voilà ce que tout le passé vous enseigne, et ce que tant de révolutions ont écrit sur les ruines de ce Palais. Voilà ce que Marie vous aurait su faire entendre, et ce que je suis bien hardi de vous dire à sa place. — Mais ne pensez pas à celui qui vous a parlé, ni s'il a bien dit, ni s'il a mal dit... Qu'importe ? — Voyez si, dans ce discours tel qu'il est, vous pouvez trouver des sujets de réflexion profitables. N'y cherchez rien de nouveau ; nous savons où nous ont conduits les nouveautés et les aventures. Quand on a vu jusqu'où mènent les routes par où l'on s'égare, le plus sûr est de revenir au grand chemin, aux traditions, aux lieux communs et aux proverbes. C'est là qu'en toute occasion je m'efforcerai de vous ramener. J'aurais dû peut-être, aujourd'hui, ne vous parler que de nos affaires, de notre état et de vos études. Mais, dans les temps où nous vivons, il n'est pas inutile de vous montrer que, pour devenir de bons avocats, il faut être d'abord des hommes et des citoyens.

14435.   PARIS. — IMPRIMERIE RENOU ET MAULDE, 144, RUE DE RIVOLI.